FLAMM-KUCHEN

Felix Weber

QUICHES & TARTES

Heiß begehrte Köstlichkeiten aus dem Ofen

EDITION XXL

INHALT

VORWORT

Den italienischen Dauerbrenner Pizza kennt jedes Kind – aber wie wäre es einmal mit dem französischen Pendant, dem Flammkuchen? Als ursprünglich elsässische Spezialität erfreut sich der dünne Teigfladen inzwischen auch bei uns zunehmender Beliebtheit.

Zu Recht, denn ein knuspriger Flammkuchen, frisch aus dem Ofen, ist schnell gemacht und passt zu vielen Gelegenheiten: sei es als Familienessen, als Imbiss für zwischendurch oder für eine größere Party-Gesellschaft. Die unzähligen Belagmöglichkeiten reichen dabei von der klassischen Zwiebel-Speck-Variante über Ziegenkäse und Balsamico bis hin zu süßen Verführern wie Schokolade und Bananen.

Auch die „großen Geschwister" des Flammkuchens, Quiche und Tarte, bringen französisches Flair in die Küche und können ganz nach Geschmack pikant oder süß-fruchtig abgewandelt werden.

Lassen Sie sich von unseren Rezepten inspirieren und freuen Sie sich auf die Komplimente, die Sie von Ihren Gästen oder der Familie garantiert erhalten werden!

Ich wünsche Ihnen viel Spaß beim Zubereiten und Genießen!

Felix Weber

RATGEBER

Flammkuchen

Flammkuchen, eine ursprünglich elsässische Spezialität, sind heute weit über die Grenzen Frankreichs hinaus bekannt und beliebt. Früher wurden Flammkuchen vor dem Brot in den Holzbackofen geschoben, um dessen Temperatur zu testen. Je nachdem, wie lange es dauerte, bis die Flammkuchen dunkel wurden, musste der Ofen mehr aufgeheizt oder abgekühlt werden, bevor das Brot eingeschoben werden konnte. Seinen Namen erhielt der Kuchen von den Flammen, die im Ofen loderten.

Einen Flammkuchen zu backen, ist im Grunde ganz einfach: Er besteht aus zwei Komponenten, dem Teig und dem Belag. Für den Original-Flammkuchenteig benötigt man lediglich Mehl, Salz, Öl und Wasser. Auch ein dünner Hefeteig eignet sich gut und wenn es besonders schnell gehen soll, kann man auf Fertigteig zurückgreifen.

Beim Belag sind der Fantasie kaum Grenzen gesetzt. Grundlage ist immer eine Schicht Schmand oder Crème fraîche. Darauf werden je nach Geschmack z. B. Zwiebeln, Lauch, Speck, Ziegenkäse, Kräuter und Ähnliches verteilt. Für eine süße Variante eignen sich auch Äpfel, Birnen oder Feigen. Gewürzt wird mit Salz, Pfeffer und Kräutern bzw. bei süßen Flammkuchen mit Zucker und Zimt. Bei hoher Hitze gebacken, ist der Leckerbissen in ca. 10 Minuten auf dem Tisch – und sollte auch sofort verspeist werden, denn frisch aus dem Ofen schmeckt er am besten!

Im Rezeptteil finden Sie zahlreiche leckere Flammkuchen-Varianten, sowohl pikant als auch süß. Lassen Sie sich davon anregen und kreieren Sie Ihre eigenen Flammkuchenträume – das Grundrezept für Flammkuchenteig bzw. Hefeteig finden Sie auf der gegenüberliegenden Seite.

Flammkuchenteig – Grundrezept

Zutaten:
für 1 Blech oder
2 runde Flammkuchen

200 g Mehl (Type 405 oder 550)
1 gestrichener TL Salz
1 EL Öl
120 ml Wasser

Zubereitung:

1. Alle Zutaten mit den Händen zu einem glatten Teig verkneten. Wenn der Teig zu flüssig ist, kann man noch etwas Mehl einarbeiten. Den Teig ca. 15 Minuten ruhen lassen und dann sehr dünn ausrollen.

2. Den Backofen auf 250 °C (Umluft 230 °C) vorheizen. Auf ein mit Backpapier belegtes oder mit Öl eingefettetes Backblech geben, nach Wunsch belegen und im vorgeheizten Backofen ca. 10 Minuten backen.

Hefeteig – Grundrezept

Zutaten:
für 1 Blech oder
2 runde Flammkuchen

400 g Mehl (Type 405 oder 550)
½ Würfel Hefe
120 ml lauwarmes Wasser
Zucker
3 EL Olivenöl
1 gestrichener TL Salz

Zubereitung:

1. Das Mehl in eine große Schüssel sieben und in die Mitte eine Mulde drücken. Die zimmerwarme Hefe hineinbröckeln, etwas von dem Wasser und 1 Prise Zucker dazugeben und mit ein wenig des umgebenden Mehles verrühren. Die Schüssel mit einem Küchentuch abdecken und den Vorteig ca. 20 Minuten gehen lassen.

2. Die restlichen Zutaten dazugeben und alles gründlich zu einem glatten Teig verkneten. Erneut abdecken und weitere 30 Minuten gehen lassen.

3. Den Backofen auf 200 °C (Umluft 180 °C) vorheizen. Den Teig auf einer bemehlten Arbeitsfläche ausrollen und auf ein eingefettetes Backblech legen. Nach Wunsch belegen und im vorgeheizten Backofen 15–20 Minuten backen.

Quiche und Tarte

Auch diese beiden Ofengerichte haben ihren Ursprung in Frankreich. Sie werden in einer flachen Form gebacken und unterscheiden sich kaum voneinander. Die Quiche stammt aus Lothringen, von wo aus sie als „Quiche Lorraine" (Lothringer Speckkuchen) ihren Siegeszug antrat. Quiche wird oft mit Gemüse belegt und mit einer Eier-Sahne-Käse-Masse gefüllt – und ist entsprechend üppig.

Die Tarte kommt etwas flacher daher und lässt sich auch gerne mit Schokolade, Nüssen oder Obst in einen süßen Kuchen verwandeln. Eine Tarteform hat meist einen geriffelten Rand. Es gibt sie außerdem in kleiner Ausführung zum Backen von Tarteletts. Die Tarte ist auch die Ausgangsform für den Flammkuchen (französisch: *tarte flambée*).

Grundlage sowohl der Tarte als auch der Quiche ist immer ein Mürbeteig aus Mehl, Butter, Eigelb und Salz, der nach Möglichkeit vor dem Belegen blindgebacken wird: Der Teig wird mit getrockneten Hülsenfrüchten beschwert und ca. 20 Minuten vorgebacken. Dadurch wird verhindert, dass der Teig durchweicht. Erst nach Entfernen der Hülsenfrüchte wird die Füllung auf den Teig gegeben.

Wer es etwas exotischer mag, kann sich auch an einem Filoteig versuchen. Hierbei handelt es sich um einen hauchdünnen, Teig, der hauptsächlich in der orientalischen Küche Verwendung findet. Vergleichbar mit unserem Blätterteig, bildet er ebenfalls eine interessante Grundlagen für unsere Rezepte.

Tartes und Quiches können heiß, lauwarm oder auch kalt genossen werden – je nach Füllung. Sie lassen sich sehr gut vorbacken und wieder aufwärmen und sind somit ideal für die Gästebewirtung!

Mürbeteig – Grundrezept

Zutaten:
für 1 runde Form

250 g Mehl
125 g Butter
1 Eigelb
1 TL Salz

Zubereitung:

1. Alle Zutaten mit den Händen zu einem glatten Teig verkneten, in Klarsichtfolie wickeln und ca. 30 Minuten kalt stellen.

2. Den Backofen auf 200 °C (Umluft 180 °C) vorheizen. Auf einer bemehlten Arbeitsfläche den Teig rund ausrollen und in eine eingefettete Form legen. Dabei den Rand hochdrücken. Mit Backpapier bedecken und mit getrockneten Hülsenfrüchten bestreuen.

3. Im vorgeheizten Backofen ca. 20 Minuten blindbacken. Anschließend das Backpapier mit den Hülsenfrüchten entfernen, die Füllung dazugeben und alles je nach Rezept 30–40 Minuten weiterbacken.

Filoteig – Grundrezept

Zutaten:
für 1 rechteckige Form

1 Prise Salz
5 EL Pflanzenöl
500 g Mehl
120 ml Wasser
etwas zerlassene Butter

Zubereitung:

1. Zunächst das Salz und 4 EL Pflanzenöl unter das Mehl mengen. Anschließend das Wasser hinzufügen und die gesamte Masse zu einem weichen Teig verkneten.

2. Den fertigen Teig nun zu einer Kugel formen und diese mit dem restlichen Öl bestreichen und für 30 Minuten zugedeckt ruhen lassen.

3. Die Kugel auf einem bemehlten Küchentuch hauchdünn ausrollen und in mehrere Lagen teilen.

4. Die einzelnen Lagen werden in der Quicheform geschichtet und jeweils mit zerlassener Butter bestrichen. Anschließend platziert man die Füllung in die Mitte des Teiges.

5. Im vorgeheizten Backofen ca. 20 Minuten bei 200 °C (180 °C Umluft) backen.

Glutenfreie Teige

Sämtliche hier vorgestellten Teigarten lassen sich auch gut mit glutenfreien Mehlen herstellen. Je nach Mehlsorte wird dann eventuell etwas mehr Flüssigkeit benötigt. Der ideale Ersatz für handelsübliches Allzweckmehl besteht aus 1–2 Teilen glutenfreiem Mehl, 1 Teil Stärkemehl und 1 Teil Bindemittel. Mit dieser glutenfreien Mehlmischung (oder einer fertig gekauften Mischung) lassen sich ohne Probleme die leckeren Flammkuchen-, Tarte- und Quiche-Rezepte aus diesem Buch backen.

Glutenfreie Mehle: Insbesondere Amaranth- und Quinoamehl eignen sich mit ihrem nussigen Aroma ideal zum Backen herzhafter Flammkuchen, Quiches und Tartes. Für süßliche Varianten empfiehlt es sich hingegen mit Hirsemehl zu arbeiten, da es schon einen mild-süßlichen Geschmack mitbringt.

Stärkemehle: Kartoffel-, Reis- oder Maismehl geben dem Teig eine schöne Textur und dienen als Verdickungsmittel.

Bindemittel: Mit Hilfe von z. B. Johannisbrotkernmehl oder Guarkernmehl kann der Teig sehr gut quellen und erhält ein schönes Volumen. Weichen Sie gemahlene Chia- oder Leinsamen auf und fügen Sie sie dem Teig hinzu, dann erhalten Sie einen ähnlichen Effekt.

Tipp:

Wenn es einmal besonders schnell gehen soll, können Sie auch einen Fertigteig für Flammkuchen verwenden. Diese gibt es in guter Qualität im Handel zu kaufen. Sie müssen dann nur noch belegt werden.

Original
ELSÄSSER Flammkuchen

Zutaten:

Für 1 Blech oder
2 runde Flammkuchen

Für den Teig:

150 g Mehl (Type 405
   oder 550)
1 TL Salz
100 ml Wasser

Für den Belag:

1 Zwiebel
120 g Schinkenspeck
4–5 EL Crème fraîche
   oder Schmand
gemahlene Muskatnuss
Pfeffer

Zubereitung:

1. Für den Teig das Mehl, das Salz und das Wasser vermischen. Den Teig nur so lange kneten, bis er zusammenklebt, und dann ca. 10 Minuten ruhen lassen.

2. In der Zwischenzeit die Zwiebel abziehen, halbieren und in Ringe schneiden. Den Schinkenspeck in schmale Streifen oder Stücke schneiden.

3. Den Backofen auf 200 °C (Umluft 180 °C) vorheizen.

4. Auf einer bemehlten Arbeitsfläche den Teig dünn ausrollen und auf ein gefettetes Backblech legen.

5. Den Teig mit Crème fraîche oder Schmand bestreichen und mit den Zwiebel- und Schinkenstücken belegen. Mit Muskatnuss und Pfeffer würzen und im vorgeheizten Backofen ca. 15 Minuten backen.

Tipp:

Wer auf seine Linie achten möchte, ersetzt die Crème fraîche durch mageren Kräuterquark und den Speck durch Lachs. Das spart ganze 200 Kalorien.

Flammkuchen
mit KÜRBIS und SPECK

Zubereitung:

1. Für den Teig das Mehl, das Salz, das Öl und das Wasser vermischen. Den Teig nur so lange kneten, bis er zusammenklebt, und ca. 10 Minuten ruhen lassen.

2. In der Zwischenzeit den Kürbis putzen, die Kerne herauskratzen und das Kürbisfleisch mit Schale in dünne Scheiben schneiden.

3. Die Petersilie waschen, trocken schütteln und grob hacken. Die Hälfte der Petersilie mit der Crème fraîche verrühren und mit Salz und Pfeffer würzen.

4. Den Backofen auf 240 °C (Umluft 220 °C) vorheizen. Den Teig dünn auf Backpapier ausrollen und dann mit dem Papier auf ein Backblech legen.

5. Den Teig mit der Petersilien-Crème-fraîche bestreichen und mit den Kürbisscheiben belegen.

6. Im vorgeheizten Backofen ca. 20 Minuten backen. 10 Minuten vor Ende der Backzeit die Speckwürfel darauf verteilen.

7. Den fertigen Flammkuchen mit der restlichen Petersilie bestreuen und sofort servieren.

Tipp:

Für eine vegetarische Variante können Sie den Speck weglassen und stattdessen klein gehackte getrocknete Tomaten darübergeben.

Pikante Flammkuchen

Flammkuchen
mit SALAMI und PAPRIKA

Zutaten:

Für 1 Blech oder
2 runde Flammkuchen

Für den Teig:
200 g Mehl (Type 405 oder 550)
1 gestrichener TL Salz
1 EL Öl
120 ml Wasser

Für den Belag:
1–2 rote Paprikaschoten
1–2 Lauchzwiebeln
200 g Mailänder Salami
100 g Schmand
Salz, Pfeffer

Zubereitung:

1. Das Mehl, das Salz, das Öl und das Wasser mit den Händen zu einem glatten Teig verkneten. Wenn der Teig zu flüssig ist, kann man noch etwas Mehl einarbeiten.

2. Den Teig ca. 15 Minuten ruhen lassen. Den Backofen auf 250 °C (Umluft 230 °C) vorheizen.

3. In der Zwischenzeit den Paprika und die Lauchzwiebeln waschen, putzen und in schmale Streifen bzw. Ringe schneiden. Die Salami in Streifen schneiden.

4. Den Teig auf einer bemehlten Arbeitsfläche sehr dünn ausrollen und auf ein mit Backpapier belegtes oder mit Öl eingefettetes Backblech geben.

5. Den Schmand mit Salz und Pfeffer würzen und gleichmäßig auf dem Teig verteilen.

6. Mit den Paprika- und Salamistreifen sowie mit den Lauchzwiebelringen bestreuen und im vorgeheizten Backofen 12–15 Minuten backen.

Tipp:

Wer es gerne etwas rustikaler mag, kann auch französische Baguette-Salami verwenden. Ihr würziger Geschmack verleiht diesem Flammkuchen eine ganz besondere Note.

Flammkuchen mit BACON, KÄSE, KARTOFFELN und ZWIEBELN

Zubereitung:

1. Das Mehl in eine große Schüssel sieben und in die Mitte eine Mulde drücken. Die zimmerwarme Hefe hineinbröckeln, etwas von dem Wasser und 1 Prise Zucker dazugeben und mit ein wenig des umgebenden Mehles verrühren. Die Schüssel mit einem Küchentuch abdecken und den Vorteig ca. 20 Minuten gehen lassen.

2. Das Olivenöl und das Salz dazugeben und alles gründlich zu einem glatten Teig verkneten. Erneut abdecken und weitere ca. 30 Minuten gehen lassen.

3. In der Zwischenzeit die Zwiebel abziehen, halbieren und in Ringe schneiden. Den Schinkenspeck in schmale Streifen oder Stücke schneiden. Die Kartoffeln pellen und in Scheiben schneiden.

4. Den Backofen auf 250 °C (Umluft 230 °C) vorheizen. Den Teig auf einer bemehlten Arbeitsfläche ausrollen und auf ein eingefettetes Backblech legen.

5. Den Teig mit der Crème fraîche oder dem Schmand bestreichen und mit den Zwiebelringen, den Schinkenstücken und den Kartoffelscheiben belegen.

6. Mit Pfeffer würzen und mit dem geriebenen Emmentaler bestreuen. Im vorgeheizten Backofen ca. 15 Minuten backen. Vor dem Servieren den Rucola auf dem Flammkuchen verteilen.

Tipp:

Anstatt Emmentaler können Sie Ihren Flammkuchen auch mit Cheddar überbacken. Dieser harmoniert ebenfalls hervorragend mit dem rauchigen Aroma des Bacons.

Zutaten:

Für 1 Blech oder 2 runde Flammkuchen

Für den Teig:
400 g Mehl (Type 405 oder 550)
½ Würfel Hefe
120 ml lauwarmes Wasser
Zucker
3 EL Olivenöl
1 gestrichener TL Salz

Für den Belag:
1 Zwiebel
120 g Bacon oder
    Schinkenspeck
2 gekochte Kartoffeln
100 g geriebener Emmentaler

4–5 EL Crème fraîche
    oder Schmand
1 Handvoll Rucola
Pfeffer

Zutaten:

Für 1 Blech oder 2 runde Flammkuchen

Für den Teig:
200 g Mehl (Type 405 oder 550)
1 gestrichener TL Salz
1 EL Öl
120 ml Wasser

Für den Belag:
2 rote Zwiebeln
100 g Champignons
100 g Cocktailtomaten
1 Handvoll Babyspinat

80 g Crème fraîche
Salz, Pfeffer

Flammkuchen mit TOMATEN, PILZEN und SPINAT

Zubereitung:

1. Das Mehl, das Salz, das Öl und das Wasser mit den Händen zu einem glatten Teig verkneten. Wenn der Teig zu flüssig ist, kann man noch etwas Mehl einarbeiten. Den Teig ca. 15 Minuten ruhen lassen.

2. Den Backofen auf 250 °C (Umluft 230 °C) vorheizen.

3. In der Zwischenzeit die Zwiebeln abziehen und in halbe Ringe schneiden. Die Champignons putzen und in Scheiben schneiden. Die Cocktailtomaten waschen und ebenfalls in Scheiben schneiden. Den Babyspinat waschen und abtropfen lassen.

4. Den Teig auf einer bemehlten Arbeitsfläche sehr dünn ausrollen und auf ein mit Backpapier belegtes oder mit Öl eingefettetes Backblech geben.

5. Die Crème fraîche mit Salz und Pfeffer würzen und gleichmäßig auf dem Teig verteilen. Mit den Zwiebelringen, den Champignons, den Cocktailtomaten und den Spinatblättern belegen und im vorgeheizten Backofen 12–15 Minuten backen.

Tipp:

Besonders frisch und knackig schmeckt der Flammkuchen, wenn Sie den Babyspinat nicht mitbacken, sondern die Blätter erst nach dem Backen darauf verteilen. So bleiben auch die wertvollen Vitamine im Spinat erhalten.

Flammkuchen mit
TOMATEN und BÄRLAUCH

Zutaten:

Für 1 Blech oder 2 runde Flammkuchen

Für den Teig:
200 g Mehl (Type 405
   oder 550)
1 gestrichener TL Salz
1 EL Öl
120 ml Wasser

Für den Belag:
3 reife Rispentomaten
1 Bund Bärlauch
100 g Gouda am Stück
6 EL Crème fraîche
Salz, Pfeffer

Zubereitung:

1. Das Mehl, das Salz, das Öl und das Wasser mit den Händen zu einem glatten Teig verkneten. Wenn der Teig zu flüssig ist, kann man noch etwas Mehl einarbeiten. Den Teig ca. 15 Minuten ruhen lassen.

2. Den Backofen auf 250 °C (Umluft 230 °C) vorheizen.

3. In der Zwischenzeit die Rispentomaten waschen und in Stücke schneiden. Den Bärlauch waschen und abtropfen lassen. Die eine Hälfte fein hacken, die andere in Streifen schneiden. Den Gouda grob raspeln oder in kleine Stücke schneiden.

4. Den Teig auf einer bemehlten Arbeitsfläche sehr dünn ausrollen und auf ein mit Backpapier belegtes oder mit Öl eingefettetes Backblech geben.

5. Die Crème fraîche mit dem gehackten Bärlauch verrühren, mit Salz und Pfeffer würzen und gleichmäßig auf dem Teig verteilen.

6. Mit den Tomatenstücken belegen, den Gouda darüberstreuen und im vorgeheizten Backofen 12–15 Minuten backen. Vor dem Servieren den Flammkuchen mit den Bärlauchstreifen bestreuen.

Wer es besonders würzig mag, kann den Gouda durch
einen kräftigen Bergkäse ersetzen oder zum Schluss
noch etwas Parmesan über den Gouda streuen.

Zutaten:

Für 1 Blech oder 2 runde Flammkuchen

Für den Teig:

200 g Mehl (Type 405 oder 550)
1 gestrichener TL Salz
1 EL Öl
120 ml Wasser

Für den Belag:

1 kleine Zwiebel
80 g Schmand
1 Kästchen Kresse
4 dünne Scheiben Bauernschinken
Salz, Pfeffer

Flammkuchen mit KRESSE und BAUERNSCHINKEN

Zubereitung:

1. Das Mehl, das Salz, das Öl und das Wasser mit den Händen zu einem glatten Teig verkneten. Wenn der Teig zu flüssig ist, kann man noch etwas Mehl einarbeiten. Den Teig ca. 15 Minuten ruhen lassen.

2. Den Backofen auf 250 °C (Umluft 230 °C) vorheizen.

3. In der Zwischenzeit die Zwiebel abziehen, halbieren und in ganz feine Ringe schneiden.

4. Den Teig auf einer bemehlten Arbeitsfläche sehr dünn ausrollen und auf ein mit Backpapier belegtes oder mit Öl eingefettetes Backblech geben.

5. Den Schmand salzen und pfeffern, dann gleichmäßig auf dem Teig verteilen. Mit den Zwiebelringen belegen und im vorgeheizten Backofen 12–15 Minuten backen.

6. Die Kresse vom Beet und den Schinken in Streifen schneiden. Die Kresse auf den fertigen Flammkuchen streuen und die Schinkenstreifen darauf verteilen.

Tipp:

Ist mal keine Kresse zur Hand, schmeckt alternativ auch Rucola sehr gut zum Bauernschinken.

Flammkuchen
mit TOMATEN
und mariniertem grünen SPARGEL

Zubereitung:

1. Das Mehl in eine große Schüssel sieben und in die Mitte eine Mulde drücken. Die zimmerwarme Hefe hinein-bröckeln, etwas von dem Wasser und 1 Prise Zucker dazugeben und mit ein wenig des umgebenden Mehles verrühren. Die Schüssel mit einem Küchentuch abdecken und den Vorteig ca. 20 Minuten gehen lassen.

2. Das Olivenöl und das Salz dazugeben und alles gründlich zu einem glatten Teig verkneten. Erneut abdecken und weitere ca. 30 Minuten gehen lassen.

3. Den Spargel im unteren Drittel schälen und die Enden abschneiden. Die Stangen in ca. 5 cm lange Stücke schneiden. Das Öl und das Pesto mit etwas Salz verrühren und die Spargelstücke darin ca. 10 Minuten marinieren.

4. Die Tomaten waschen und halbieren. Die Zwiebeln abziehen und in feine Ringe schneiden. Die Knoblauchzehe abziehen und pressen. Den Rucola waschen und trocken schütteln.

5. Den Backofen auf 250 °C (Umluft 230 °C) vorheizen.

6. Den Teig auf einer bemehlten Arbeitsfläche ausrollen und auf ein eingefettetes Backblech legen. Die saure Sahne mit dem Zitronensaft und dem gepressten Knoblauch verrühren, mit Salz und Pfeffer würzen und auf dem Teig verteilen.

7. Den Flammkuchen mit den Zwiebeln und dem marinierten Spargel belegen. Im vorgeheizten Backofen 12–15 Minuten backen. Vor dem Servieren mit Kirschtomaten und Rucola belegen und mit den Pinienkernen bestreuen.

Zutaten:

Für 1 Blech oder 2 runde Flammkuchen

Für den Teig:

400 g Mehl
½ Würfel Hefe
120 ml lauwarmes Wasser
Zucker
3 EL Olivenöl
1 gestrichener TL Salz

Für den Belag:

250 g grüner Spargel
2 EL Sonnenblumenöl
1 TL Pesto
250 g Kirschtomaten
1–2 rote Zwiebeln

1 Knoblauchzehe
30 g Rucola
200 ml saure Sahne
1 TL Zitronensaft
2 EL Pinienkerne
Salz, Pfeffer

Flammkuchen
„HIMMEL und ERDE"

Zubereitung:

1. Das Mehl in eine große Schüssel sieben und in die Mitte eine Mulde drücken. Die zimmerwarme Hefe hineinbröckeln, etwas von dem Wasser und 1 Prise Zucker dazugeben und mit ein wenig des umgebenden Mehles verrühren.

2. Die Schüssel mit einem Küchentuch abdecken und den Vorteig ca. 20 Minuten gehen lassen.

3. Das Olivenöl und das Salz dazugeben und alles gründlich zu einem glatten Teig verkneten. Erneut abdecken und weitere ca. 30 Minuten gehen lassen.

4. Den Zucker mit dem Zitronensaft verrühren. Den Apfel schälen und vom Kerngehäuse befreien. In Scheiben schneiden und in der Zucker-Zitronensaft-Mischung wenden.

5. Die Blutwurst in Scheiben schneiden. Die Kartoffeln pellen, ebenfalls in Scheiben schneiden und leicht salzen. Die Zwiebel abziehen und in Ringe schneiden. In einer Pfanne das Olivenöl erhitzen und die Zwiebelringe darin glasig dünsten.

6. Den Backofen auf 250 °C (Umluft 230 °C) vorheizen.

7. Den Teig auf einer bemehlten Arbeitsfläche ausrollen und auf ein eingefettetes Backblech legen. Den Käse reiben, mit der Crème fraîche verrühren und mit Salz und Pfeffer würzen. Die Creme auf dem Teig verteilen und den Flammkuchen mit den Apfel-, den Blutwurst- und den Kartoffelscheiben sowie den Zwiebelringen belegen.

8. Im vorgeheizten Backofen 12–15 Minuten backen. Vor dem Servieren mit Schnittlauchröllchen bestreuen.

Zutaten:

Für 1 Blech oder 2 runde Flammkuchen

Für den Teig:
400 g Mehl
½ Würfel Hefe
120 ml lauwarmes Wasser
1 Prise Zucker
3 EL Olivenöl
1 gestrichener TL Salz

Für den Belag:
1 TL Zucker
1 EL Zitronensaft
1 kleiner Apfel
80 g feste Blutwurst
150 g gekochte Kartoffeln
1 kleine Zwiebel

2 EL Olivenöl
100 g Bergkäse
3 EL Crème fraîche
Schnittlauchröllchen
Salz, Pfeffer

Flammkuchen mit ZIEGENKÄSE und Schwarzwälder SCHINKEN

Zutaten:

Für 1 Blech oder 2 runde Flammkuchen

Für den Teig:
200 g Mehl (Type 405 oder 550)
1 gestrichener TL Salz
1 EL Öl
120 ml Wasser

Für den Belag:
1 Beutel Zwiebelsuppe, z. B. von Knorr
150 g Crème fraîche
150 g Ziegen-Weichkäse (z. B. Ziegenkäserolle)
50 g Schwarzwälder Schinken in dünnen Scheiben
50 g Preiselbeeren (aus dem Glas)
Pfeffer

Zubereitung:

1. Das Mehl, das Salz, das Öl und das Wasser mit den Händen zu einem glatten Teig verkneten. Wenn der Teig zu flüssig ist, kann man noch etwas Mehl einarbeiten. Den Teig ca. 15 Minuten ruhen lassen.

2. Den Backofen auf 250 °C (Umluft 230 °C) vorheizen.

3. Die Zwiebelsuppe nach Packungsanweisung zubereiten. Die abgekühlte Suppe mit der Crème fraîche verrühren und mit Salz und Pfeffer abschmecken.

4. Den Teig auf einer bemehlten Arbeitsfläche sehr dünn ausrollen und auf ein mit Backpapier belegtes oder mit Öl eingefettetes Backblech geben. Die Zwiebel-Crème-fraîche auf dem Teig bis knapp an den Rand verstreichen. Den Ziegenkäse in Scheiben schneiden und darauf verteilen.

5. Im vorgeheizten Backofen ca. 15 Minuten backen. Den Schwarzwälder Schinken darübergeben und mit einem Teelöffel einzelne Preiselbeerkleckse daraufgeben.

Flammkuchen mit TOMATEN, PEPERONI und OLIVEN

Zutaten:

Für 1 Blech oder
2 runde Flammkuchen

Für den Teig:

400 g Mehl (Type 405 oder 550)
½ Würfel Hefe
120 ml lauwarmes Wasser
Zucker
3 EL Olivenöl
1 gestrichener TL Salz

Für den Belag:

2 EL grüne Oliven
2 Strauchtomaten
1 rote Zwiebel
200 g Crème fraîche
Kräutersalz
5 Peperoni
1 EL Kräuter der Provence

Tipp:

Um diesem Flammkuchen noch ein wenig einzuheizen, können Sie vor dem Servieren zusätzlich einige Chiliflocken daraufstreuen.

Zubereitung:

1. Das Mehl in eine große Schüssel sieben und in die Mitte eine Mulde drücken. Die zimmerwarme Hefe hineinbröckeln, etwas von dem Wasser und 1 Prise Zucker dazugeben und mit ein wenig des umgebenden Mehles verrühren. Die Schüssel mit einem Küchentuch abdecken und den Vorteig ca. 20 Minuten gehen lassen.

2. Das Olivenöl und das Salz dazugeben und alles gründlich zu einem glatten Teig verkneten. Erneut abdecken und weitere ca. 30 Minuten gehen lassen.

3. Den Backofen auf 250 °C (Umluft 230 °C) vorheizen. Den Teig auf einer bemehlten Arbeitsfläche ausrollen und auf ein eingefettetes Backblech legen.

4. In der Zwischenzeit die Oliven in Scheiben schneiden. Die Tomaten waschen und ebenfalls in Scheiben schneiden. Die Zwiebel abziehen, halbieren und in sehr dünne Ringe schneiden.

5. Den Teig auf einer bemehlten Arbeitsfläche sehr dünn ausrollen und auf ein mit Backpapier belegtes oder mit Öl eingefettetes Backblech geben.

6. Die Crème fraîche mit Kräutersalz würzen und gleichmäßig auf dem Teig verteilen. Mit den Oliven- und Tomatenscheiben sowie den Zwiebelringen belegen.

7. Die Peperoni auf den Flammkuchen legen, alles mit den Provence-Kräutern bestreuen und im vorgeheizten Backofen 12–15 Minuten backen.

Flammkuchen mit ROQUEFORT, WALNÜSSEN und RUCOLA

Zubereitung:

1. Das Mehl in eine große Schüssel sieben und in die Mitte eine Mulde drücken. Die zimmerwarme Hefe hineinbröckeln, mit dem Wasser, dem Salz und dem Öl zu einem Teig verkneten. Die Schüssel mit einem Küchentuch abdecken und den Teig ca. 60 Minuten gehen lassen.

2. Für den Belag die Birnen schälen, entkernen und in dünne Spalten schneiden. Die Zwiebel abziehen und in Ringe schneiden. Den Rucola waschen und trocken schütteln. Die Walnüsse grob hacken und den Blauschimmelkäse in Würfel schneiden.

3. Den Backofen auf 250 °C (Umluft 230 °C) vorheizen.

4. Den Teig noch einmal kurz durchkneten, auf einer bemehlten Arbeitsfläche sehr dünn ausrollen und auf ein mit Backpapier belegtes oder mit Öl eingefettetes Backblech geben.

5. Den Mascarpone gleichmäßig auf dem Teig verteilen und mit Salz und Pfeffer würzen. Mit den Birnenspalten, den Zwiebelringen und den Walnüssen belegen. Den Blauschimmelkäse darüber streuen. Den Flammkuchen noch 15–20 Minuten ruhen lassen und dann im vorgeheizten Backofen 12–15 Minuten backen.

6. Vor dem Servieren mit dem Honig beträufeln und zum Schluss den Rucola auf dem Flammkuchen verteilen.

Zutaten:

Für 1 Blech oder 2 runde Flammkuchen

Für den Teig:
200 g Dinkelmehl (Type 630)
½ Würfel Hefe
150 ml Wasser
1 gestrichener TL Salz
1 EL Öl

Für den Belag:
2 Birnen
1 Zwiebel
1 Handvoll Rucola
50 g Walnüsse

80 g Blauschimmelkäse,
  z. B. Roquefort
100 g Mascarpone
1–2 EL Honig
Salz, Pfeffer

Flammkuchen mit
LACHS und RUCOLA

Zutaten:

Für 1 Blech oder
2 runde Flammkuchen

Für den Teig:
200 g Mehl (Type 405
   oder 550)
1 gestrichener TL Salz
1 EL Öl
120 ml Wasser

Für den Belag:
20 g Rucola
200 g geräucherter Lachs
   in Scheiben
100 g Schmand
Salz, Pfeffer

Zubereitung:

1. Das Mehl, das Salz, das Öl und das Wasser mit den Händen zu einem glatten Teig verkneten. Wenn der Teig zu flüssig ist, kann man noch etwas Mehl einarbeiten. Den Teig ca. 15 Minuten ruhen lassen. Den Backofen auf 250 °C (Umluft 230 °C) vorheizen.

2. In der Zwischenzeit den Rucola waschen und trocken schütteln. Den Lachs in Stücke teilen. Den Teig auf einer bemehlten Arbeitsfläche sehr dünn ausrollen und auf ein mit Backpapier belegtes oder mit Öl eingefettetes Backblech geben.

3. Den Schmand mit Salz und Pfeffer würzen und gleichmäßig auf dem Teig verteilen. Den Flammkuchen im vorgeheizten Backofen 12–15 Minuten backen. Vor dem Servieren mit dem Lachs belegen und den Rucola darüberstreuen.

Flammkuchen mit SCHINKEN und PFIFFERLINGEN

Zutaten:

Für 1 Blech oder
2 runde Flammkuchen

Für den Teig:
200 g Mehl (Type 405 oder 550)
1 gestrichener TL Salz
1 EL Öl
120 ml Wasser

Für den Belag:
250 g Pfifferlinge
2–3 gelbe Cocktailtomaten
150 g Schinken in dünnen
   Scheiben
200 g Frischkäse
2 EL Milch
Salz, Pfeffer
etwas frischer Thymian
   und frisches Basilikum

Zubereitung:

1. Das Mehl, das Salz, das Öl und das Wasser mit den Händen zu einem glatten Teig verkneten. Wenn der Teig zu flüssig ist, kann man noch etwas Mehl einarbeiten. Den Teig ca. 15 Minuten ruhen lassen.

2. Den Backofen auf 250 °C (Umluft 230 °C) vorheizen.

3. In der Zwischenzeit die Pfifferlinge säubern und die Cocktailtomaten waschen und vierteln. Den Teig auf einer bemehlten Arbeitsfläche sehr dünn ausrollen und auf ein mit Backpapier belegtes oder mit Öl eingefettetes Backblech geben.

4. Den Frischkäse mit der Milch verrühren, mit Salz und Pfeffer würzen und gleichmäßig auf dem Teig verteilen. Mit den Schinkenscheiben und den Pfifferlingen belegen und im vorgeheizten Backofen 12–15 Minuten backen.

5. Vor dem Servieren mit den Tomatenvierteln belegen und mit Thymian- und Basilikumblättchen bestreuen.

Flammkuchen mit BACON und RADIESCHEN

Zutaten:

Für 1 Blech oder
2 runde Flammkuchen

Für den Teig:
200 g Mehl (Type 405 oder 550)
1 gestrichener TL Salz
1 EL Öl
120 ml Wasser

Für den Belag:
100 g Bacon
6 Radieschen
2 kleine Zwiebeln
1 EL Öl
100 g Schmand
Salz, Pfeffer
Petersilie zum Bestreuen

Tipp:

Der pikante Geschmack der
Radieschen tritt noch mehr
in den Vordergrund, wenn
Sie diese ganz fein über den
Flammkuchen hobeln, anstatt
sie in Scheiben zu schneiden.
Auch die Petersilie können
Sie statt in kleinen Büscheln
fein gehackt darüberstreuen.

Zubereitung:

1. Das Mehl, das Salz, das Öl und das Wasser mit den Händen zu einem glatten Teig verkneten. Wenn der Teig zu flüssig ist, kann man noch etwas Mehl einarbeiten. Den Teig ca. 15 Minuten ruhen lassen.

2. Den Backofen auf 250 °C (Umluft 230 °C) vorheizen.

3. In der Zwischenzeit den Bacon in Stücke schneiden. Die Radieschen waschen, putzen und in Scheiben schneiden.

4. Die Zwiebel abziehen, halbieren und in sehr dünne Ringe schneiden. Das Öl in einer Pfanne erhitzen und die Zwiebeln darin glasig dünsten.

5. Den Teig auf einer bemehlten Arbeitsfläche sehr dünn ausrollen und auf ein mit Backpapier belegtes oder mit Öl eingefettetes Backblech geben.

6. Den Schmand mit Salz und Pfeffer würzen und gleichmäßig auf dem Teig verteilen. Mit den Zwiebelringen und dem Bacon belegen und im vorgeheizten Backofen 12–15 Minuten backen.

7. Vor dem Servieren mit den Radieschenscheiben belegen und mit Petersilie bestreuen.

Flammkuchen mit
KAPERN und ZWIEBELN

Zubereitung:

1. Das Mehl, das Salz, das Öl und das Wasser mit den Händen zu einem glatten Teig verkneten. Wenn der Teig zu flüssig ist, kann man noch etwas Mehl einarbeiten. Den Teig ca. 15 Minuten ruhen lassen.

2. Den Backofen auf 250 °C (Umluft 230 °C) vorheizen.

3. In der Zwischenzeit den Schinkenspeck in Stücke schneiden. Die getrockneten Tomaten abtropfen lassen und in Stücke teilen. Die Kapern ebenfalls abtropfen lassen.

4. Die Zwiebeln und die Lauchzwiebel abziehen und in dünne Ringe schneiden. Das Öl in einer Pfanne erhitzen und die Zwiebeln darin glasig dünsten.

5. Den Teig auf einer bemehlten Arbeitsfläche sehr dünn ausrollen und auf ein mit Backpapier belegtes oder mit Öl eingefettetes Backblech geben.

6. Die Crème fraîche mit Harissa, Muskat, Salz und Pfeffer würzen und gleichmäßig auf dem Teig verteilen. Mit den Zwiebelringen, dem Schinken, den Tomatenstücken und den Kapern belegen und im vorgeheizten Backofen 12–15 Minuten backen.

Tipp:

Harissa ist eine scharfe Gewürzpaste, die in der nordafrikanischen Küche häufig verwendet wird. Wenn Sie es weniger scharf mögen, können Sie bei diesem Rezept das Harissa auch einfach weglassen.

Zutaten:

Für 1 Blech oder 2 runde Flammkuchen

Für den Teig:

200 g Mehl (Type 405
   oder 550)
1 gestrichener TL Salz
1 EL Öl
120 ml Wasser

Für den Belag:

100 g Schinkenspeck
100 g getrocknete Toma-
   ten in Öl
50 g Kapern
2 rote Zwiebeln

1 Lauchzwiebel
1 EL Öl
150 g Crème fraîche
½ TL Harissa
Muskat
Salz, Pfeffer

Zutaten:

Für 1 Blech oder 2 runde Flammkuchen

Für den Teig:
200 g Mehl (Type 405 oder 550)
1 gestrichener TL Salz
1 EL Öl
120 ml Wasser

Für den Belag:
150 g Schinken
180 g weißer Spargel
1 kleines Bund Schnittlauch
2 EL Olivenöl

75 g Schmand
Zucker
Salz, Pfeffer

Pikante Flammkuchen

Flammkuchen mit
SPARGEL und SCHINKEN

Zubereitung:

1. Das Mehl, das Salz, das Öl und das Wasser mit den Händen zu einem glatten Teig verkneten. Wenn der Teig zu flüssig ist, kann man noch etwas Mehl einarbeiten. Den Teig ca. 15 Minuten ruhen lassen.

2. Den Backofen auf 250 °C (Umluft 230 °C) vorheizen.

3. In der Zwischenzeit den Schinken in Stücke schneiden. Den Spargel schälen und ebenfalls in kleine Stücke schneiden. Den Schnittlauch waschen, trocken schütteln und in Röllchen schneiden.

4. Das Öl in einer Pfanne erhitzen und die Spargelstücke darin ca. 10 Minuten anbraten. Mit einer Prise Zucker und etwas Salz würzen.

5. Den Teig auf einer bemehlten Arbeitsfläche sehr dünn ausrollen und auf ein mit Backpapier belegtes oder mit Öl eingefettetes Backblech geben.

6. Den Schmand mit Salz und Pfeffer würzen und gleichmäßig auf dem Teig verteilen. Mit dem Schinken und dem Spargel belegen und im vorgeheizten Backofen 12–15 Minuten backen.

7. Vor dem Servieren mit den Schnittlauchröllchen bestreuen.

Tipp:

Der Flammkuchen schmeckt auch sehr lecker, wenn Sie statt weißem grünen Spargel verwenden. Braten Sie den grünen Spargel nicht an, sondern legen Sie die Stücke roh auf den Flammkuchen und schieben Sie ihn dann in den Ofen. So bleibt der Biss erhalten.

Flammkuchen
WINZER ART
mit Ziegenfrischkäse

Zubereitung:

1. Die Zwiebeln abziehen, halbieren und in Streifen schneiden. In einer Pfanne im heißen Öl dünsten.

2. Den Backofen auf 220 °C (Umluft 200 °C) vorheizen.

3. Den Beutel Soßenzubereitung für Spaghetti Carbonara in einem kleinen Topf nach Packungsanweisung zubereiten. Unter Rühren kurz aufkochen, beiseite stellen und die Crème fraîche unterrühren.

4. Die Trauben zuerst unter heißem Wasser und danach kurz unter kaltem Wasser abspülen. Dann die Trauben halbieren. Den Flammkuchenteig entrollen und mit dem Papier auf ein Backblech legen.

5. Die Carbonara-Crème-fraîche-Soße auf dem Teig verstreichen. Mit den Zwiebeln, den Speckwürfeln und den Trauben belegen. Den Ziegenfrischkäse darüber verteilen und im vorgeheizten Backofen ca. 15 Minuten backen.

6. Den Flammkuchen vor dem Servieren in 12 Stücke schneiden.

Tipp:

Natürlich können Sie für dieses Rezept auch einen selbstgemachten Teig verwenden. Anregungen finden Sie ab Seite 5.

Zutaten:

Für 12 Stücke

100 g rote Zwiebeln
1 EL Öl
1 Beutel Soßenzubereitung
    für Spaghetti Carbonara,
    z. B. von Knorr

50 g Crème fraîche
150 g kernlose blaue
    Weintrauben
40 g Schinkenspeckwürfel

1 Pkg. Flammkuchenteig
    aus dem Kühlregal
50 g Ziegenfrischkäse

MINI-FLAMMKUCHEN
mit CAMEMBERT

Zubereitung:

1. Das Mehl in eine große Schüssel sieben und in die Mitte eine Mulde drücken. Die zimmerwarme Hefe hineinbröckeln, etwas von dem Wasser und 1 Prise Zucker dazugeben und mit ein wenig des umgebenden Mehles verrühren.

2. Die Schüssel mit einem Küchentuch abdecken und den Vorteig ca. 20 Minuten gehen lassen.

3. Das Olivenöl und das Salz dazugeben und alles gründlich zu einem glatten Teig verkneten. Erneut abdecken und weitere ca. 30 Minuten gehen lassen.

4. Die Tomaten waschen und halbieren. In einer Pfanne das Öl erhitzen und die Tomaten darin bei hoher Temperatur anbraten. Mit dem Zucker bestreuen, mit Salz und Pfeffer würzen und mit Balsamico beträufeln.

5. Den Camembert in Stücke schneiden. Das Basilikum waschen, trocken schütteln und in Blättchen teilen.

6. Den Backofen auf 250 °C (Umluft 230 °C) vorheizen.

7. Den Teig auf einer bemehlten Arbeitsfläche ausrollen und auf ein eingefettetes Backblech legen. Im vorgeheizten Backofen 12–15 Minuten backen.

8. Mit den Tomaten und dem Camembert belegen und mit den Basilikumblättchen bestreuen.

Zutaten:

Für 4 kleine, runde Flammkuchen

Für den Teig:
400 g Mehl
½ Würfel Hefe
120 ml lauwarmes Wasser
Zucker

3 EL Olivenöl
1 gestrichener TL Salz

Für den Belag:
500 g Datteltomaten
1 EL Rapsöl

1 EL Zucker
2 EL heller Balsamico
50 g Camembert
etwas Basilikum
Salz, Pfeffer

FLAMMKUCHEN-RÖLLCHEN

Zutaten:
Für 8 Röllchen

Für die Soße:
1 Zwiebel
1 TL Pflanzenöl
100 g passierte Tomaten
3 EL Curryketchup
½ TL Currypulver
je 1 Msp. gemahlener
   Kümmel und Nelken
Worcestersauce
Zucker
Salz, Pfeffer

Für die Röllchen:
3 Zwiebeln
1 EL Pflanzenöl
8 Mini-Rostbratwürstchen
1 Packung Flammkuchenteig,
   z. B. von Henglein
1 Eigelb
1 EL Milch
Chilisalz

Zubereitung:

1. Für die Currysoße die Zwiebeln abziehen, eine Zwiebel
   sehr fein würfeln und in 1 TL des Öls andünsten.

2. Die Tomaten und den Ketchup hinzufügen, aufkochen
   und mit dem Currypulver, dem Kümmel, den Nelken,
   Salz, Pfeffer, Zucker und etwas Worcestersauce abschmecken.

3. Die übrigen Zwiebeln in feine Ringe schneiden, in 1 EL des
   Öls goldbraun anbraten und mit Salz und Pfeffer würzen.
   Die Bratwürstchen im restlichen Öl ca. 5 Minuten braten.

4. Den Backofen auf 200 °C (Umluft 180 °C) vorheizen und
   ein Backblech mit Backpapier auslegen.

5. Den Flammkuchenteig entrollen und in 8 Rechtecke (ca.
   10 x 13 cm) schneiden. Etwas von der Soße teelöffelweise
   auf dem Teig verteilen. Je 1 Bratwürstchen darauflegen
   und mit den Zwiebelringen garnieren. Den Teig verschlie-
   ßen und dabei die Ränder gut andrücken.

6. Die Flammkuchen-Röllchen auf das Backblech legen. Das Eigelb und die Milch miteinander verquirlen, die Röllchen damit bestreichen und mit etwas Chilisalz bestreuen.

7. Im vorgeheizten Backofen 15–18 Minuten goldbraun backen und warm oder kalt mit der restlichen Soße und Zwiebeln servieren.

Flammkuchen mit ÄPFELN, SPECK und ROTEN ZWIEBELN

Zutaten:

Für 1 Blech oder
2 runde Flammkuchen

Für den Teig:

200 g Mehl (Type 405
oder 550)
1 gestrichener TL Salz
1 EL Öl
120 ml Wasser

Für den Belag:

2 rote Zwiebeln
2 Äpfel
100 g Bacon
200 g Crème fraîche
2–3 EL Milch
Muskat
Salz, Pfeffer

Zubereitung:

1. Für den Teig alle Zutaten miteinander verkneten und ca. ½ Stunde ruhen lassen. Den Backofen auf 250 °C (Umluft 230 °C) vorheizen.

2. Die Zwiebeln abziehen, halbieren und in dünne Ringe schneiden. Die Äpfel waschen, das Kerngehäuse ausstechen und die Äpfel in dünne Scheiben schneiden. Den Bacon in Stücke schneiden.

3. Die Crème fraîche mit der Milch verrühren und mit etwas Muskat, Salz und Pfeffer würzen.

4. Auf einem bemehlten oder mit Backpapier ausgekleideten Backblech nacheinander dünne Fladen ausrollen. Mit der Crème fraîche bestreichen und mit Zwiebelringen, Apfelscheiben und Baconstücken belegen.

5. Im vorgeheizten Backofen ca. 10 Minuten knusprig backen.

Tipp:

Nicht alle Äpfel sind zum Backen geeignet. Greifen Sie deshalb auf eine säuerliche Sorte wie Braeburn, Cox-Orange oder Fuji zurück. So kommt der herzhaft-süße Geschmack richtig zur Geltung.

Herzhaft-süße Flammkuchen

Flammkuchen
mit FEIGEN und SCHINKEN

Zutaten:

Für 1 Blech oder
2 runde Flammkuchen

Für den Teig:
200 g Mehl (Type 405 oder 550)
1 gestrichener TL Salz
1 EL Öl
120 ml Wasser

Für den Belag:
100 g Schinken
2 Feigen
1 kleines Bund Schnittlauch
2 kleine Zwiebeln
1 EL Öl
100 g Schmand
Salz, Pfeffer

Tipp:

Achten Sie beim Kauf der Feigen darauf, dass diese reif sind. Feigen, die noch grün und hart sind, besitzen wesentlich weniger Aroma und sollten nicht verwendet werden.

Zubereitung:

1. Das Mehl, das Salz, das Öl und das Wasser mit den Händen zu einem glatten Teig verkneten. Wenn der Teig zu flüssig ist, kann man noch etwas Mehl einarbeiten. Den Teig ca. 15 Minuten ruhen lassen.

2. Den Backofen auf 250 °C (Umluft 230 °C) vorheizen.

3. In der Zwischenzeit den Schinken in Stücke schneiden. Die Feigen waschen, putzen und in Scheiben schneiden. Den Schnittlauch waschen, trocken schütteln und in feine Ringe schneiden.

4. Die Zwiebeln abziehen, halbieren und in dünne Ringe schneiden. Das Öl in einer Pfanne erhitzen und die Zwiebeln darin glasig dünsten.

5. Den Teig auf einer bemehlten Arbeitsfläche sehr dünn ausrollen und auf ein mit Backpapier belegtes oder mit Öl eingefettetes Backblech geben.

6. Den Schmand mit Salz und Pfeffer würzen und gleichmäßig auf dem Teig verteilen. Mit den Zwiebelringen belegen und im vorgeheizten Backofen 12–15 Minuten backen.

7. Vor dem Servieren mit den Feigenscheiben und dem Schinken belegen und mit Schnittlauchröllchen bestreuen.

Zutaten:

Für 1 Blech oder 2 runde Flammkuchen

Für den Teig:

200 g helle glutenfreie
  Mehlmischung
1 TL Flohsamenschalenpulver
200 ml lauwarmes Wasser
3 EL Öl
½ TL Salz

Für den Belag:

2 Zweige Rosmarin
200 g vegane Crème fraîche
1 Msp. Muskatnuss
1–2 Knollen vorgegarte
  frische Rote Bete
1 kleine Zwiebel

1–2 Birnen
2 Frühlingszwiebeln
100 veganer Fetakäse
30 g Walnüsse
2–3 TL Agavendicksaft
Salz, Pfeffer

Veganer Flammkuchen
mit WALNÜSSEN und ROTER BETE

Zubereitung:

1. Die Flohsamen in das Wasser einrühren und 1–2 Minuten quellen lassen. Die Flohsamen und alle weiteren Zutaten für den Teig in eine Schüssel geben und verkneten. Ist der Teig zu fest, noch etwas Wasser dazugeben. Den Teig in Frischhaltefolie wickeln und in den Kühlschrank legen.

2. Die Nadeln von den Rosmarinzweigen streifen, ein Viertel davon sehr fein hacken und mit der Crème fraîche verrühren. Mit der Muskatnuss, Salz und Pfeffer abschmecken.

3. Für die Verarbeitung der Roten Bete unbedingt Haushaltshandschuhe tragen. Die Rote Bete schälen und in dünne Scheiben schneiden. Die Zwiebel abziehen und in feine Streifen schneiden.

4. Die Birnen schälen, halbieren, das Kerngehäuse entfernen und in feine Spalten schneiden. Die Frühlingszwiebeln in Ringe schneiden und den Fetakäse bereitstellen.

5. Den Backofen auf 250°C (Umluft 230°C) vorheizen.

6. Den Teig nochmal kurz durchkneten, auf einer bemehlten Arbeitsfläche ausrollen und auf ein eingefettetes Backblech legen. Den Teig mit der Creme bestreichen und mit den Birnenscheiben, der Roten Bete, den Frühlingszwiebeln und der Zwiebel belegen.

7. Den Feta darüber bröseln, mit den restlichen Rosmarinnadeln und den kleingehackten Walnüssen bestreuen. Zum Schluss mit dem Agavendicksaft beträufeln. Im vorgeheizten Backofen 12–15 Minuten backen.

Zutaten:
Für 6 Stücke

Für den Teig:
100 g Margarine, z.B. von Sanella
250 ml Milch
400 g Mehl
1 Päckchen Trockenhefe

1 TL Salz
1 TL Zucker

Für den Belag:
200 g Crème fraîche

2 Äpfel
200 g Ziegenkäse
1 Bund Rucola
2 EL Balsamico-Creme

Herzhaft-süße Flammkuchen

Flammkuchen mit ÄPFELN, ZIEGENKÄSE und BALSAMICO

Zubereitung:

1. Die Margarine bei milder Hitze im Topf schmelzen. Die Milch hinzufügen und fingerwarm erwärmen. Das Mehl und die Hefe gut vermischen.

2. Mit dem Salz, dem Zucker und der Margarinen-Milch mit den Knethaken des elektrischen Handrührgeräts und den Händen zu einem glatten Teig verarbeiten.

3. Mit einem leicht feuchten Tuch abdecken und an einem warmen Ort ca. 30 Minuten gehen lassen.

4. Den Teig in 6 Portionen teilen und auf einer leicht bemehlten Arbeitsfläche zu dünnen Fladen ausrollen. Auf mit Backpapier belegte Backbleche legen und mit der Crème fraîche bestreichen.

5. Den Backofen auf 220 °C (Umluft 200 °C) vorheizen. Die Äpfel vierteln, entkernen und in dünne Spalten schneiden. Den Ziegenkäse in Scheiben schneiden.

6. Beides auf den Teigfladen verteilen und im vorgeheizten Backofen ca. 20 Minuten backen.

7. Den Rucola putzen, waschen und grob zerpflücken. Auf die Flammkuchen streuen. Mit Balsamico-Creme dekorieren und noch heiß servieren.

NORDDEUTSCHER FLAMMKUCHEN

Zutaten:

Für 1 Blech oder
2 runde Flammkuchen

Für den Teig:

200 g Mehl (Type 405
    oder 550)
1 gestrichener TL Salz
1 EL Öl
120 ml Wasser

Für den Belag:

125 g grüne Bohnen
50 g Bacon
1 Birne
100 g Schmand
Salz, Pfeffer

Zubereitung:

1. Das Mehl, das Salz, das Öl und das Wasser mit den Händen zu einem glatten Teig verkneten. Wenn der Teig zu flüssig ist, kann man noch etwas Mehl einarbeiten. Den Teig ca. 15 Minuten ruhen lassen.

2. Den Backofen auf 250 °C (Umluft 230 °C) vorheizen.

3. Die Bohnen in Salzwasser bissfest kochen, in ein Sieb abgießen, abschrecken und gut abtropfen lassen.

4. Den Bacon in Würfel schneiden. Die Birne schälen, vierteln und in dünne Scheiben schneiden.

5. Den Teig auf einer bemehlten Arbeitsfläche sehr dünn ausrollen und auf ein mit Backpapier belegtes oder mit Öl eingefettetes Backblech geben.

6. Den Schmand mit Salz und Pfeffer würzen und gleichmäßig auf dem Teig verteilen. Die Birnen und die Bohnen auf dem Flammkuchen verteilen und den Bacon darüber verteilen. Im vorgeheizten Backofen 12–15 Minuten backen.

Tipp:

Kochen Sie die Bohnen etwa 1 Stunde vor dem Backen, so können sie gut abtropfen und abkühlen. Vorsicht mit dem Salz im Schmand, denn der Bacon gibt auch einiges an Salz ab.

Flammkuchen mit CAMEMBERT und PREISELBEEREN

Zubereitung:

1. Das Mehl, das Salz, das Öl und das Wasser mit den Händen zu einem glatten Teig verkneten. Wenn der Teig zu flüssig ist, kann man noch etwas Mehl einarbeiten. Den Teig ca. 15 Minuten ruhen lassen.

2. Den Backofen auf 250 °C (Umluft 230 °C) vorheizen.

3. Den Teig auf einer bemehlten Arbeitsfläche sehr dünn ausrollen und auf ein mit Backpapier belegtes oder mit Öl eingefettetes Backblech geben.

4. Den Schmand mit Salz und Pfeffer würzen und gleichmäßig auf dem Teig verteilen. Den Camembert in dünne Streifen schneiden und auf dem Flammkuchen verteilen.

5. Kleine Kleckse des Preiselbeerkompotts zwischen den Camembert setzen. Im vorgeheizten Backofen 12–15 Minuten backen.

6. Vor dem Servieren die Chicorée-Blätter auf dem Flammkuchen verteilen und mit dem Balsamico beträufeln.

Tipp:

Wenn Sie diesen Flammkuchen gerne noch etwas herzhafter haben möchten, dann schneiden Sie einfach etwas Schinkenspeck in kleine Würfel und verteilen diese vor dem Backen ebenfalls über dem Flammkuchen.

Zutaten:

Für 1 Blech oder 2 runde Flammkuchen

Für den Teig:
200 g Mehl (Type 405 oder 550)
1 gestrichener TL Salz
1 EL Öl
120 ml Wasser

Für den Belag:
100 g Schmand
150 g Camembert
3 EL Preiselbeerkompott
  aus dem Glas
Salz, Pfeffer

Zum Garnieren:
1 Handvoll Chicorée-
  Blätter
2 EL Balsamico

Zutaten:

Für 1 Blech oder 2 runde Flammkuchen

Für den Teig:
200 g Mehl (Type 405 oder 550)
1 gestrichener TL Salz
1 EL Öl
120 ml Wasser

Für den Belag:
100 g Schmand
80 g roher Schinken
80 g Feta
1 Mango

2 TL Honig
Salz, Pfeffer

Zum Garnieren:
30 g Rucola

Flammkuchen mit
MANGO und SCHINKEN

Zubereitung:

1. Das Mehl, das Salz, das Öl und das Wasser mit den Händen zu einem glatten Teig verkneten. Wenn der Teig zu flüssig ist, kann man noch etwas Mehl einarbeiten. Den Teig ca. 15 Minuten ruhen lassen.

2. Den Backofen auf 250 °C (Umluft 230 °C) vorheizen.

3. Den Teig auf einer bemehlten Arbeitsfläche sehr dünn ausrollen und auf ein mit Backpapier belegtes oder mit Öl eingefettetes Backblech geben.

4. Den Schmand mit Salz und Pfeffer würzen und gleichmäßig auf dem Teig verteilen. Den Schinken und den gewürfelten Feta auf dem Teig verteilen.

5. Die Mango schälen, in kleine Würfel schneiden und ebenfalls auf dem Flammkuchen verteilen. Den Honig darüber träufeln.

6. Im vorgeheizten Backofen 12–15 Minuten backen. Vor dem Servieren den Rucola auf dem Flammkuchen verteilen.

Tipp:

Wenn Sie die Mangos und den Rucola durch Melonenstücke und gehackte Minzblätter ersetzen, erhalten Sie eine erfrischende Sommervariante dieses Rezeptes.

Flammkuchen mit ZIEGENKÄSE, PFIRSICH und ROSMARIN

Zubereitung:

1. Das Mehl, das Salz, das Öl und das Wasser mit den Händen zu einem glatten Teig verkneten. Wenn der Teig zu flüssig ist, kann man noch etwas Mehl einarbeiten. Den Teig ca. 15 Minuten ruhen lassen.

2. Den Backofen auf 250 °C (Umluft 230 °C) vorheizen.

3. Die Zwiebeln abziehen und in feine Ringe schneiden. Die Pfirsiche in dünne Spalten schneiden. Den Ziegenkäse in Scheiben schneiden. Die Rosmarinnadeln vom Zweig streifen.

4. Den Teig auf einer bemehlten Arbeitsfläche sehr dünn ausrollen und auf ein mit Backpapier belegtes oder mit Öl eingefettetes Backblech geben.

5. Den Schmand mit dem Honig sowie mit Salz und Pfeffer würzen und gleichmäßig auf dem Teig verteilen. Mit den Zwiebelringen, den Pfirsichen und dem Ziegenkäse belegen und mit dem Rosmarin bestreuen.

6. Anschließend im vorgeheizten Backofen 12–15 Minuten backen.

Tipp:

Wem der Geschmack von Ziegenkäse zu würzig ist, der kann auch zu Mozzarella greifen. Er harmoniert ebenfalls mit dem süßen Aroma des Pfirsichs.

Zutaten:

Für 1 Blech oder 2 runde Flammkuchen

Für den Teig:

200 g Mehl (Type 405 oder 550)
1 gestrichener TL Salz
1 EL Öl
120 ml Wasser

Für den Belag:

1–2 rote Zwiebeln
2 frische Pfirsiche oder 4 Pfir-
   sichhälften aus der Dose
150 g Ziegenkäse (Rolle)

1 Zweig Rosmarin
100 g Schmand
1 TL Honig
Salz, Pfeffer

Zutaten:

Für 1 Blech oder 2 runde Flammkuchen

Für den Teig:

200 g Mehl (Type 405 oder 550)
1 gestrichener TL Salz
1 EL Öl
120 ml Wasser

Für den Belag:

2 große Äpfel
100 g Marzipan
5 EL Schmand
2 EL gehackte Mandeln

1 TL gemahlener Zimt
1 TL Zucker

Flammkuchen mit ÄPFELN, MARZIPAN und ZIMT

Zubereitung:

1. Das Mehl, das Salz, das Öl und das Wasser mit den Händen zu einem glatten Teig verkneten. Wenn der Teig zu flüssig ist, kann man noch etwas Mehl einarbeiten. Den Teig ca. 15 Minuten ruhen lassen.

2. Den Backofen auf 250 °C (Umluft 230 °C) vorheizen.

3. In der Zwischenzeit die Äpfel waschen, entkernen und in sehr dünne Scheiben schneiden. Das Marzipan zerbröckeln.

4. Den Teig auf einer bemehlten Arbeitsfläche sehr dünn ausrollen und auf ein mit Backpapier belegtes oder mit Öl eingefettetes Backblech geben.

5. Den Schmand gleichmäßig auf dem Teig verteilen. Zuerst mit dem Marzipan und dann mit den Apfelscheiben belegen und mit den gehackten Mandeln bestreuen.

6. Anschließend den Flammkuchen im vorgeheizten Backofen 12–15 Minuten backen. Den Zimt und den Zucker vermischen und den Flammkuchen vor dem Servieren damit bestreuen.

SCHOKO-BANANEN-FLAMMKUCHEN

Zubereitung:

1. Das Mehl in eine große Schüssel sieben und in die Mitte eine Mulde drücken. Die zimmerwarme Hefe hineinbröckeln, etwas von dem Wasser und 1 Prise Zucker dazugeben und mit ein wenig des umgebenden Mehles verrühren.

2. Die Schüssel mit einem Küchentuch abdecken und den Vorteig ca. 20 Minuten gehen lassen.

3. Das Olivenöl und das Salz dazugeben und alles gründlich zu einem glatten Teig verkneten. Erneut abdecken und weitere ca. 30 Minuten gehen lassen.

4. Den Teig auf einer bemehlten Arbeitsfläche ausrollen und auf ein eingefettetes Backblech legen.

5. Den Backofen auf 250 °C (Umluft 230 °C) vorheizen.

6. Die Bananen schälen, in dünne Scheiben schneiden und sofort mit dem Limettensaft vermischen. Die Amarettini hacken.

7. Den Teig im vorgeheizten Backofen 4–5 Minuten backen. Sofort nach dem Backen den Flammkuchen nach Belieben mit der Nuss-Nugat-Creme bestreichen. Mit Bananen-Scheiben belegen und mit den Amarettini-Bröseln bestreuen.

8. Mit der Schokoladensoße garniert servieren.

Zutaten:

Für 1 Blech oder 2 runde Flammkuchen

Für den Teig:
400 g Mehl (Type 405 oder 550)
½ Würfel Hefe
120 ml lauwarmes Wasser
Zucker
3 EL Olivenöl
1 gestrichener TL Salz

Für den Belag:
100 g reife Bananen
1 EL Limettensaft
50 g Amarettini
4–6 EL Nuss-Nugat-Creme

Außerdem:
Schokoladensoße

QUICHE LORRAINE

Zubereitung:

1. Das Mehl auf die Arbeitsfläche häufen, in die Mitte eine Mulde drücken und das Ei hineingeben.

2. Die kalte Butter in Stückchen schneiden und zusammen mit einer Prise Salz dazugeben. Alle Zutaten zu einem Teig verkneten, in Frischhaltefolie wickeln und ca. 30 Minuten kalt stellen.

3. Den Speck in Würfel schneiden und in dem Pflanzenöl anbraten. Den Lauch putzen, waschen und in Ringe schneiden.

4. Die Zwiebel abziehen und ebenfalls in Ringe schneiden. Beides zu den Speckwürfeln geben und kurz mitbraten.

5. Den Teig auf einer mit Mehl bestäubten Arbeitsfläche ausrollen, in eine eingefettete Quicheform geben und andrücken.

6. Den Backofen auf 200 °C (Umluft 180 °C) vorheizen.

7. Die Eier mit der Sahne und den Petersilienblättern verrühren, mit dem Lauch und dem Speck vermischen und mit Salz und Pfeffer würzen. Die Masse auf den Teig geben und ca. 35 Minuten im vorgeheizten Backofen backen. Vor dem Servieren noch einige Petersilienblätter über die Quiche streuen.

Tipp:

Noch kräftiger und würziger wird die Quiche, wenn Sie der Eier-Sahne-Masse ca. 100 g geriebenen Emmentaler beimengen.

Zutaten:

Für 1 runde Quiche

Für den Teig:
250 g Mehl (Type 405
    oder 550)
1 Ei
150 g kalte Butter
Salz

Für den Belag:
100 g Schinkenspeck
1 EL Pflanzenöl
1 Stange Lauch
1 Zwiebel

einige Petersilienblättchen
4 Eier
250 ml süße Sahne
Salz, Pfeffer

Zutaten:

Für 1 runde Quiche

Für den Teig:

250 g Mehl (Type 405
    oder 550)
½ Päckchen Trockenhefe
½ TL Salz
½ TL Zucker

125 ml Wasser
3 EL Rapsöl

Für die Füllung:

400 g Seelachsfilet
    (frisch oder tiefgekühlt)
300 g Lauch

Für die Soße:

1 Bund Dill
200 ml süße Sahne
2 Eier
Salz, Pfeffer

SEELACHS-QUICHE
mit LAUCH

Zubereitung:

1. Für den Teig das Mehl, die Trockenhefe, das Salz und den Zucker in einer Schüssel miteinander vermengen. 125 ml Wasser und das Rapsöl hinzufügen und die Masse zu einem glatten Teig verkneten. Die Schüssel mit einem Küchentuch abdecken und ca. 60 Minuten gehen lassen.

2. Das Seelachsfilet würfeln. Tiefgekühlten Fisch sollten Sie vorher kurz antauen lassen.

3. Den Lauch gründlich putzen, waschen und danach in Ringe schneiden und diese in kochendem Wasser 1–2 Minuten blanchieren. Anschließend die Lauchringe in einem Sieb abgießen.

4. Den Teig auf einer bemehlten Arbeitsplatte ausrollen und danach in eine ausgefettete Quiche- oder Backform legen. Hierbei ist es wichtig, mit dem Teig einen Rand zu formen.

5. Den Backofen auf 220 °C (Umluft 200 °C) vorheizen.

6. Den blanchierten Lauch und die Seelachswürfel nun gleichmäßig auf dem Teig verteilen.

7. Für die Soße den Dill fein hacken und mit der Sahne und den Eiern verrühren, mit Salz und Pfeffer abschmecken und danach über die Lauch-Fisch-Masse gießen.

8. Die Quiche im vorgeheizten Backofen 25–30 Minuten backen.

Tipp:

Diese Quiche-Variante können Sie alternativ auch mit Lachsfilet zubereiten, das ebenfalls hervorragend zur Rahm-Dill-Soße passt. Ein eisgekühlter Weißwein rundet dieses Gericht zusätzlich ab.

KÜRBIS-QUICHE

Zutaten:

Für 1 runde Quiche

600 g Kürbis (z. B. Hokkaido)	150 g Crème fraîche,
1 Zwiebel	z. B. Rama Cremefine
2 Knoblauchzehen	3 Eier
2 EL Rapsöl	1 Beutel Pizzateig,
1 EL geriebener Ingwer	z. B. von Mondamin
200 ml Gemüsebrühe	20 g Kürbiskerne
	Salz, Pfeffer

Zubereitung:

1. Den Kürbis gegebenenfalls schälen, entkernen und in grobe Würfel schneiden. Die Zwiebel und die Knoblauchzehen abziehen und fein würfeln.

2. Das Rapsöl in einem großen Topf erhitzen und die Kürbiswürfel darin ca. 5 Minuten anbraten. Die Zwiebel, den Knoblauch und den Ingwer dazugeben und ca. 3 Minuten mitbraten.

3. Die Gemüsebrühe dazugießen und alles ca. 20 Minuten köcheln lassen, bis der Kürbis weich ist. Dann alles pürieren.

4. Backofen auf 200 °C (Umluft 180 °C) vorheizen.

5. Die Crème fraîche und die Eier miteinander verrühren und unter das Kürbispüree mischen. Mit Salz und Pfeffer würzen.

6. Den Pizzateig nach Packungsanweisung zubereiten, ausrollen und in eine Tarte- oder Springform (ø 28 cm) legen, dabei einen 2–3 cm hohen Rand formen. Die Kürbismasse hineinfüllen und mit den Kürbiskernen bestreuen.

7. Die Kürbisquiche im vorgeheizten Ofen ca. 45 Minuten backen.

Tipp:

Geben Sie 1 EL Kürbiskernöl in den Pizzateig, so wird er elastischer und lässt sich besser ausrollen.

ZUCCHINI-TARTE
mit Mais und RINDERHACK

Zubereitung:

1. Für den Teig alle Zutaten verkneten und 30 Minuten kalt stellen.

2. Den Backofen auf 200 °C (Umluft 180 °C) vorheizen und die Tarte-Form mit Backpapier auslegen.

3. Die Zwiebeln und den Knoblauch abziehen und fein würfeln. Die Zucchini putzen und in 2 cm dünne Scheiben schneiden. Die Tomaten waschen und in Scheiben schneiden.

4. Das Hackfleisch in dem heißem Öl in einer Pfanne bei mittlerer Hitze krümelig anbraten.

5. Die Zucchini, die Zwiebeln und den Knoblauch hinzufügen und mitbraten. Mit Salz, Pfeffer und einigen Spritzern Tabasco würzen.

6. Auf einer bemehlten Arbeitsfläche den Teig ausrollen, in die Form legen und die Ränder andrücken.

7. Die Hackfleischmischung auf dem Teig verteilen, den Mais und die Tomaten darübergeben und mit dem Käse bestreuen. Ca. 20 Minuten backen, bis die Tarte eine goldgelbe Farbe erhält. Herausnehmen und etwas abkühlen lassen.

8. Die Tarte mit dem griechischen Joghurt servieren.

Zutaten:

Für 1 runde Tarte

Für den Teig:

200 g Dinkelvoll-
   kornmehl
1 Ei
1 Prise Salz
5 EL Wasser
80 g kalte Butter

Für die Füllung:

2 Zwiebeln
2 Knoblauchzehen
1 Zucchini
2 Coktailtomaten
400 g Rinderhackfleisch
3 EL Pflanzenöl

200 g Mais (aus der Dose)
80 g geriebener Emmentaler
Tabasco
3–4 EL griechischer Joghurt
Salz, Pfeffer

RHABARBER-TARTE

Zutaten:

Für 1 runde Tarte

Für den Teig:

200 g Vollkornmehl
125 g Margarine,
  z. B. von Rama
75 g brauner Zucker
1 Ei
1 Prise Salz
1 TL abgeriebene Schale einer
  unbehandelten Zitrone

Für die Füllung:

200 g Ricotta
200 ml süße Sahne
2 Eigelbe
2 TL abgeriebene Schale einer
  unbehandelten Zitrone
2 EL Speisestärke
2 EL Puderzucker
200 g Rhabarber

Zum Verzieren:

2 EL Puderzucker

Zubereitung:

1. Für den Teig das Mehl, die Margarine, den Zucker, das Ei, das Salz und die Zitronenschale zu einem glatten Teig verkneten, evtl. 2–3 EL kaltes Wasser dazugeben.

2. Den Teig in eine gefettete Tarte- oder Springform (ø 26 cm) drücken, dabei einen ca. 3 cm hohen Rand formen und ca. 30 Minuten kalt stellen.

3. Den Backofen auf 200 °C (Umluft 180 °C) vorheizen.

4. Den Teig mit einer Gabel mehrfach einstechen und im vorgeheizten Backofen ca. 10 Minuten vorbacken.

5. Für die Füllung den Ricotta, die Sahne, die Eigelbe und die Zitronenschale mit dem Handmixer aufschlagen. Die Speisestärke und den Puderzucker darübersieben und unterrühren.

6. Den Rhabarber schälen, putzen, in kleine Stücke schneiden und unter die Masse heben. Alles auf den Tarteboden streichen.

7. Die Rhabarber-Tarte im Ofen ca. 35 Minuten fertig backen. Vor dem Servieren mit Puderzucker bestreuen.

Tipp:

Dazu passt frisch aufgeschlagene Sahne: Dazu einfach die kalte Sahne mit dem Handrührgerät erst auf niedriger, dann auf hoher Stufe steifschlagen. Zum Süßen Vanillezucker verwenden.

LIMETTEN-TARTELETTS

Zutaten:

Für 10 Stück

Für den Teig:
135 g Margarine, 250 g Mehl
1 Ei, 75 g Zucker
1 Prise Salz

Für die Creme:
8 unbehandelte Limetten
150 g Zucker, 1 EL Margarine
60 g Speisestärke, z. B. von
   Mondamin
2 Eigelbe
1 EL Puderzucker

Für das Baiser:
2 Eiweiß, 125 g Zucker
1 Prise Salz

Zum Garnieren:
einige Limettenscheiben

Zubereitung:

1. 10 Tartelettförmchen (ø 10 cm) gut mit der Margarine einfetten. Für den Teig das Mehl und die restliche Margarine mit den Händen fein krümelig verkneten. Das Ei, den Zucker und das Salz dazugeben.

2. Zu einem glatten Teig verkneten. Auf einer mit Mehl bestäubten Arbeitsfläche ca. 20 mm dick ausrollen.

3. Kreise (ø 11 cm) ausstechen und die Förmchen mit dem Teig auslegen. Dabei darf der Teig etwas überstehen. Boden mit einer Gabel mehrmals einstechen. Die Teigreste wieder verkneten, ausrollen, ausstechen und die restlichen Förmchen auslegen. Für 30 Minuten kalt stellen.

4. Den Backofen auf 200 °C (Umluft 180 °C) vorheizen. Die Tarteletts auf einen Backofenrost setzen und im vorgeheizten Backofen 12–15 Minuten backen. Herausnehmen und auskühlen lassen.

5. 2 Limetten waschen, trocken reiben und die Schale abreiben. Alle Limetten auspressen und ca. 200 ml Saft abmessen. 1 TL Saft für das Baiser beiseitestellen.

6. Den restlichen Saft mit Wasser auf 500 ml auffüllen und in einen Topf geben. Den Zucker, die Margarine und die Limettenschale hinzufügen und aufkochen. Die Speisestärke mit ca. 6 EL kaltem Wasser glatt rühren, in die Flüssigkeit gießen und unter Rühren aufkochen.

7. Ca. 1 Minute kochen lassen und von der Herdplatte ziehen. Die Eier trennen und das Eiweiß kalt stellen. Die Eigelbe mit 1–2 EL heißer Creme verrühren und dann unter die restliche Creme rühren. Den Backofen auf 220 °C (200 °C) vorheizen.

8. Die heiße Creme in die Törtchen verteilen, abkühlen lassen und ca. 30 Minuten kalt stellen. Das Eiweiß steif schlagen, den Zucker und das Salz dabei einrieseln lassen. Zum Schluss 1 TL Limettensaft hinzufügen. Die Baisermasse in der Mitte der Törtchen verteilen und im vorgeheizten Backofen 6–8 Minuten goldgelb backen. Die ausgekühlten Tarteletts mit dem Puderzucker bestäuben und mit Limettenspalten garnieren.

REGISTER

© 2018 design cat GmbH

Genehmigte Lizenzausgabe
EDITION XXL GmbH
Industriestraße 19
64407 Fränkisch-Crumbach 2018
www.edition-xxl.de

Idee und Projektleitung: Sonja Sammüller
Layout, Satz und Umschlaggestaltung:
design cat GmbH

ISBN 978-3-89736-829-3

Bildnachweis
Wir danken folgenden Firmen für ihre freundliche Unterstützung:

The Food Professionals Köhnen AG, Sprockhövel
– Henglein 46–47
Unilever Deutschland GmbH, Hamburg
–Knorr 28–29, 42–43
–Mondamin 78–79
–Rama Cremefine 72–73, 76–77
– Sanella 54–55

Shutterstock: A_Lein 35; aliasemma 63; AVN Photo Lab 2–79; baibaz 48,
65; bigacis 22, 30; Cesarz 70; Christian-Fischer 31; Chudovska 39; DanyL
17; decoplus 6; ffolas 7; Guiyuan Chen 8, 11, 18, 21, 28, 38, 62, 73, 76, 56;
Gyuszko-Photo 4; Jiri Hera 51; Karjalas 75; Kate Aedon 8; Kuttelvaserova
Stuchelova 61; Liliya Kandrashevich 8; Maddas 4; Natasha Breen 34;
Nattika 56; pearl7 49; SEAGULL_L 9; Shaiith 5; Studio KIWI 36; Valen-
tin Agapov 2–79; VICUSCHKA 11; Viktor1 15, 68; Vitaly Goncharov 69

Alle weiteren Fotos: design cat GmbH